I0154547

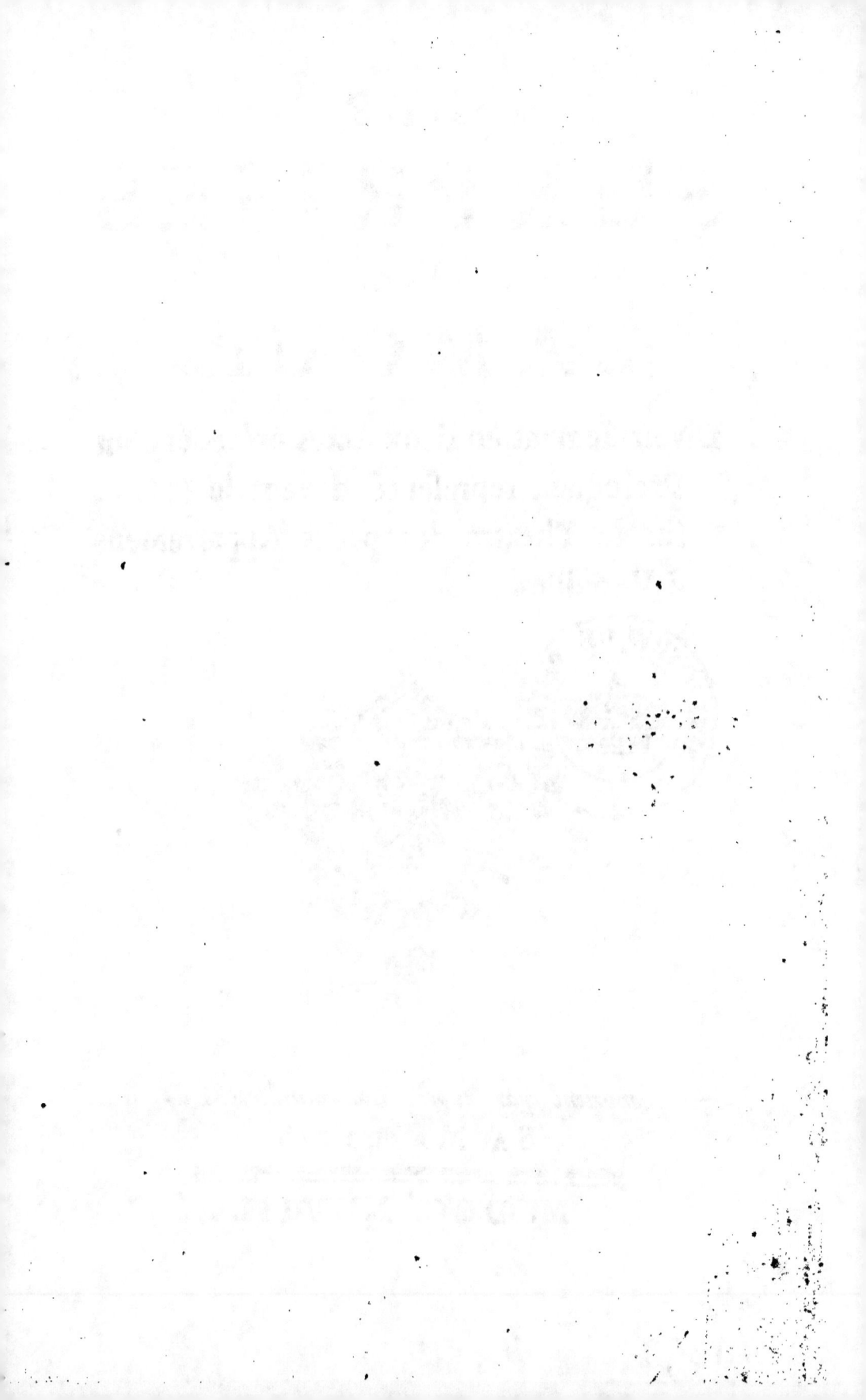

LES
SURPRISES
DE
L'AMOUR,

Divertiſſement en deux Actes précedés d'un Prologue, repreſenté devant le ROI, ſur le Théatre des petits Appartemens à Verſailles.

BIBLIOTHEQUE ROYALE

Imprimé par exprès Commandement de SA MAJESTE'.

M. DCC. XLVIII.

Yth
1692

*Les Paroles font du Sieur ***.*

La Mufique eft du Sieur RAMEAU.

Les Danfes font de la compofition du Sieur DEHESSE.

CHŒURS CHANTANS.

Côté du ROI.	Côté de la REINE.

Les Dlles

De Selle,
Canavas, } Dessus.

Les Dlles

Godonesche,
Daigremont, } Dessus.

Les Srs

Camus,
Gerome, } Dessus.

Le Begue,
Poirier, } Haute-Contres.

Daigremont,
Cardonne, } Tailles.

Benoist,
Ducros, } Basses.
Dupuis.

Les Srs

Faleo,
Francisque, } Dessus.

Bazire,
Dugué, } Haute-Contres.

Richer,
Tavernier, } Tailles.

Godonesche,
Dubourg, } Basses.

Le Sieur DE BURY sur le Théâtre pour la conduite du Spectacle.

PERSONNAGES DANSANS.

CYCLOPES.

M. le Marquis DE COURTANVAUX.

Les Sieurs la Riviere, Beat, Rousseau, Lepy, Gougis.

AMOURS.

Les Sieurs Balleti, Dupré, Barois, Piffet.

SUITE D'ASTRÉE.

La Demoiselle Camille.

Les Demoiselles Chevrier, Dorfeuil, Astraudy, Durand, Marquise.

ORCHESTRE.

Clavecin,	Mr Ferrand.

Violoncelles,
{
Le Sr Jeliote,
Le Sr Labbé l.
Le Sr Chrétien,
Le Sr Picot,
Mr Duport,
Le Sr Antonio,
Le Sr Dubuiſſon.

Baſſons,
{
M^r le Prince de Do MBES,
Le Sr Marliere,
Le Sr Blaiſe.

Violes,
{
Mr de Dampiere,
M^r le Marquis de Sourckes,

Flutes,
{
M^r de Buſſillet,
Le Sr Blavet.

Hautbois,
{
Le S^r Deſelles,
Le Sr Desjardins.

Violons, premiers-deſſus,
{
Le Sr Mondonville,
Le Sr Lalande,
Le S^r le Roux,
Mr de Courtaumer,
Le Sr Mayer.

Violons, ſeconds-deſſus,
{
Le Sr Guillemain,
Le Sr Marchand,
Le Sr Caraſſ l.
Mr Fauchet,
Mr Belleville.

Trompette,	Le Sr Caraſſ ci

ACTEURS.

ASTRÉE, Déesse de la Justice & de la Paix. *Madame la Duchesse* DE BRANCAS.

VULCAIN. *Monsieur le Duc* D'AYEN.

LE TEMPS. *Monsieur le Marquis* DE LA SALLE.

UN PLAISIR. *Madame* DE MARCHAIS.

CYCLOPES.

AMOURS, PLAISIRS & JEUX.

La Scene est dans les Antres de Lemnos.

LE RETOUR D'ASTRÉE.

PROLOGUE.

Le Théatre repréfente les Antres & les Forges de
Lemnos, où Vulcain eft occupé avec les Cyclopes
à forger des Armes.

SCENE PREMIERE.

VULCAIN, LES CYCLOPES.

VULCAIN.

Que la flamme nous environne,
Frappez, forgez de nouveaux traits ;
Sous cent coups redoublés que cet Antre raifonne ;
Le Dieu de la Thrace l'ordonne :
Prenons part à fa gloire, en fervant fes projets.

LES CYCLOPES.

Que la flamme nous environne, &c.

VULCAIN.

Quand tout dort sur la Terre, éveillé par la gloire;
Il soumet les Saisons, & devance les Temps:
    Avant les fleurs du Printemps,
    Naissent les fruits de la Victoire.

    Frappez, forgez de nouveaux traits, &c.

On danse.

On entend une douce Symphonie qui se mêle au bruit
des Cyclopes.

VULCAIN.

Quel bruit harmonieux vient ici se répandre !
    Quel Dieu, de nos travaux jaloux,
    Oseroit les suspendre ?
    Non, non, non, redoublez vos coups;
    Pour vous empêcher de l'entendre.

LES CYCLOPES.

    Non, non, non, redoublons nos coups,
    Pour nous empêcher de l'entendre.

Le bruit des Cyclopes est enfin suspendu par la Symphonie
qui annonce Astrée.

SCENE SECONDE.

ASTRÉE, VULCAIN.

ASTRÉE aux Cyclopes.

Arrêtez, suspendez ces travaux inhumains :

Le Dieu que vous servez m'appelle

Pour rendre la paix aux humains ;

Reconnoissez Astrée & sa voix immortelle.

VULCAIN & LES CYCLOPES.

Non, tous ses ordres seront vains.

ASTRÉE.

Volez, Amours, venez, Troupe fidelle,

Vous que la Paix attache à mes destins ;

Désarmez leur Troupe rébelle,

Arrachez ces traits de leurs mains.

Combat des Amours & des Cyclopes ; les Cyclopes
sont désarmés.

On danse.

B

ASTRÉE.

Terribles soutiens de la Guerre,
Cedez aux Enfans de la Paix :
Qu'au lieu du feu du Tonnerre,
Ils ne forment désormais
Que ces Traits
Qui font le bonheur de la Terre.

On danse.

UN PLAISIR alternativement avec le Chœur.

Il n'est plus d'allarmes
Dans cet heureux jour;
Les Traits de l'Amour
Sont nos seules Armes.

LE CHŒUR.

Il n'est plus d'allarmes, &c.

UN PLAISIR.

A l'ombre de vos Lauriers
Venez passer des jours paisibles ;
Ne songez plus, jeunes Guerriers,
Qu'à cesser d'être invincibles.

LE CHŒUR.

Il n'eſt plus d'allarmes
Dans cet heureux jour ;
Les Traits de l'Amour
Sont nos ſeules Armes.

Air vif pour les Amours & les Plaiſirs interrompu par
l'arrivée du Temps.

On danſe.

SCENE TROISIEME.

LE TEMPS, ASTRÉE.

ASTRÉE.

Où fuyez-vous, Amours, quelle crainte soudaine
    Interrompt vos chants & vos jeux ?
Arrétez ; c'est le Temps, c'est lui qui vous ramene
    Les jours qui vous rendent heureux.

LE TEMPS.

Regne sur les Mortels, aimable Souveraine :

Oui, j'ai marqué l'instant qui te rend à leurs vœux.

    Après leurs discordes cruelles,

Le Héros de la Paix en ces lieux te conduit.

Pour hâter son retour j'avois prêté mes ailes

    A la Victoire qui le suit.

ASTRÉE.

Quand la gloire à ses yeux brilloit de plus de charmes,
Il soupiroit pour moi dès le tems des allarmes :

Par lui je triomphe aujourd'hui ;
Et des Cieux appaisés, d'où partoit le Tonnerre,
J'ai volé sur la Terre,
Pour regner désormais entre la Paix & lui.

LE TEMPS.

Le rapide Guerrier qui poursuit sa conquête
Sur un Peuple désesperé,
A des Sujets tremblans dont il est abhorré.
Le Héros qui s'arrête,
A des Voisins soumis dont il est adoré.

ASTRÉE.

Le Dieu du Jour brilloit dans sa carriere,
Quand mille Astres jaloux s'unirent dans les Cieux
Pour opposer une barriere
A son Char glorieux.
Sans punir leur audace altiere,
Le Soleil ne fit qu'éclater ;
Qu'eût-il fait des rayons qu'il pouvoit leur ôter ?
Il lui suffit de sa lumiere.

ASTRÉE & LE TEMPS.

Qu'il triomphe & regne à jamais

Entre les beaux Arts & la Gloire :

Elevons ce Héros du Char de la Victoire

Au Trône de la Paix.

LE CHŒUR.

Elevons ce Héros, &c.

On danfe.

LE TEMPS.

C'eſt ma voix qui vous appelle,

Jours heureux, Inſtans fortunés.

Que la ſaiſon d'aimer toujours ſe renouvelle ;

Momens du bonheur, reverez,

C'eſt ma voix qui vous appelle.

UN PLAISIR.

Juſqu'à l'Empire amoureux,

La Paix étend ſes deſirs :

Elle met fin aux caprices,

Et rend tous les Cœurs heureux.

Dans l'ardeur qui nous dévore,

N'ayons de trouble en ce jour,

Qu'autant qu'il en faut encore

Pour faire durer l'amour.

LE CHŒUR.

Qu'il triomphe & regne à jamais

Entre les beaux Arts & la Gloire :

Elevons ce Héros du Char de la Victoire

Au Tróne de la Paix.

Fin du Prologue.

LA LYRE
ENCHANTÉE.
BALLET.

PERSONNAGES DANSANS.

UN FAUNE.

Monſieur le Marquis d. *Courtanvaux*,

DRYADE.

La Demoiſelle *Camille*,

MUSES.

Les Demoiſelles *Chevrier*, *Dorfeuil*, *Aſtraudy*,
Durand, *Marquiſe*, *Foulquier*.

TERPSICORE,

La Demoiſelle *Puvigné*.

SYLVAINS.

Les Sieurs *Balleti*, *Dupré*, *Barois*, *Piffet*.

FAUNES RUSTIQUES.

Les Sieurs *La Riviere*, *Beat*, *Rouſſeau*, *Lepy*,
Gougis, *Berterin*.

ACTEURS.

URANIE, Muse.	*Madame la Marquise* DE POMPADOUR.
LINUS, fils d'Apollon.	*Monsieur le Marquis* DE LA SALLE.
L'AMOUR.	*Madame* DE MARCHAIS.
MUSES.	
NYMPHES, DRYADES & SYLVAINS.	

La Scene est au pied du Parnasse.

LA LYRE
ENCHANTÉE.

Le Théatre repréfente le Vallon qui eft au pied
du Parnaffe.

SCENE PREMIERE.

URANIE.

BIBLIOTHEQUE ROYALE

URANIE.

EVR & Fils du Dieu que le Pinde revere,
Quand ma voix vous appelle aux concerts d'Apollon,
Pourquoi chercher dans ce Vallon
Et le filence & le myftere?

LINUS.

J'écoute les Oiseaux qui chante ~ dans ce Bois ,
J'accompagne leur chant, j'im   leur ramage ;
Et par eux la Nature instruit te. ma voix
    A mieux parler votre langage.

URANIE.

    Prenez un vol plus glorieux :
Contemplez avec moi les Cieux , la Terre & l'C ~ ; ,
Mesurez dans les Airs la carriere féconde
    Du plus brillant de tous les Dieux.

LINUS.

    Quand je vois la jeune Aurore
    Ouvrir les portes du jour,
    Quand l'Olympe qu'elle dore ,
Du Dieu de la lumiere annonce le retour ,
    Dans ces objets je ne vois, je n'adore ,
    Que la puissance de l'Amour.

Eh ! ce Dieu si charmant, vous l'ignorez encore !

URANIE.

Ce penchant aux douces erreurs

En vous annonce la tendreſſe.
Gardez-vous, gardez-vous ſans ceſſe
Du piége des folles ardeurs.

Craignez, mon cher Linus, de vous laiſſer ſurprendre;
L'air qu'on reſpire ici, cette ombre, ce ſéjour,
Ces Oiſeaux amoureux que vous venez entendre,
Tout ſert, tout inſpire l'Amour.

LINUS.

Déeſſe, il n'eſt plus tems ; j'ai ſenti ſa puiſſance :
J'aime, & j'en fais l'aveu par le trouble où je ſuis.
Mais quelle ſeroit mon offenſe,
Si vous ſçaviez l'objet.....

URANIE.

Ah ! gardez le ſilence.
Combattre votre amour eſt tout ce que je puis.
Je vous quitte un moment ; on m'attend au Permeſſe.
Fuyez le plus grand des malheurs.

Gardez-vous, gardez-vous ſans ceſſe
Du piége des folles ardeurs.

Elle ſort.

SCENE SECONDE.

LINUS seul.

Pourquoi donc à l'Amour êtes-vous si sévere,
Quand vos regards en font le plus puissant des Dieux ?
Vous défendez d'aimer, & l'Amour par vos yeux
      Ordonne le contraire.

SCENE TROISIEME.

LINUS, L'AMOUR.

On entend une Musique brillante & harmonieuse. Le Mont Parnasse s'éclaire , & l'on voit descendre l'Amour environné de Nymphes & de jeunes Sylvains.

LINUS pendant la Symphonie.

QU'entens-je ! quels accords ! quelle clarté nouvelle !
Dieux ! c'est l'Amour.....

L'AMOUR, une Lyre à la main.

Un Amant qui m'appelle ;
Est toujours sûr de mon secours ,
Quand il est aimable & fidelle.

Uranie à tes feux résiste donc toujours ?

LINUS.

Le seul nom d'Amour l'épouvante.
C'est toi, Dieu charmant, que je chante ,
Pourquoi suis-je accablé de tes plus rudes fers ?
J'aime à peindre tes jeux , j'aime à sentir ta flame ,

D

J'en fais le charme de mes airs :
Pourquoi fais-tu le tourment de mon ame ?

L'AMOUR.

Pour la gloire & la science,
Les Muses vainement prétendoient te former :
La gloire est de tout charmer ;
Et, quoiqu'Uranie en pense,
C'est tout sçavoir, que d'aimer.

Linus, si tu le veux, je la rendrai sensible.

LINUS.

Non, il n'est pas possible.

L'AMOUR.

Qui touche cette Lyre, en tire des accens
Qui pénétrent les cœurs & ravissent les sens.

Il suspend la Lyre à un Chêne, & il continue.

Par un enchantement plus doux que redoutable,
Qu'elle forme en ce jour des accords plus touchans.
Nymphes, Sylvains, par vos jeux, par vos chants,
Rendez le charme inévitable.

Les Nymphes & les Sylvains forment un Ballet autour
du Chêne où la Lyre de l'Amour est suspendue.

LE CHŒUR.

Aimez ou fuyez, Cœurs rebelles ;
L'Amour vient d'enchanter nos Bois :
Les Inconstans & les Cruelles,
Les timides Amans qui n'osent faire un choix ;
Tout s'enflamme aujourd'hui, tout reconnoît ses Loix.
Aimez ou fuyez, Cœurs rebelles.

On danse.

L'AMOUR à LINUS.

Uranie en ces lieux va presser son retour ;
Elle y trouvera cette Lyre :
Pour voir finir ton martyre ;
Laisse faire à l'Amour ;
Cachons-nous ; elle vient.....

Ils se retirent.

D ij

SCENE QUATRIEME.

URANIE seule.

C'*Eſt ici qu'il doit être :*
Je l'ai quitté dans ce Séjour.
Attendons.... Mais quelle eſt cette Lyre champêtre ?
Voyons.... en la touchant amuſons nos loiſirs.

En la regardant, & s'eſſayant pour en jouer.

Quels frivoles ſons tu vas rendre !

Uranie touche la Lyre qui lui inſpire auſſi-tôt
des chants d'amour.

» *Douce volupté d'un cœur tendre,*

» *Triomphez de tous les plaiſirs.*

Elle s'arrête étonnée.

Ah Dieux ! que me fait-elle entendre !
Mais je crains peu de m'y laiſſer ſurprendre.
Ce ſont de vains accords qu'emportent les Zéphirs.

Elle touche encor la Lyre.

» *Douce volupté d'un cœur tendre ,*

» *Triomphez de tous les plaisirs.*

» *L'Amour cause quelques soupirs ;*

» *Mais le bonheur doit en dépendre.*

» *Douce volupté d'un cœur tendre ,*

» *Triomphez de tous les plaisirs.*

Elle cesse de toucher la Lyre.

Quels sons touchans ! Je devrois les suspendre....

Linus...., mon cher Linus , quelle ardeur de te voir

Brûle mon ame impatiente !

Trop d'intérêt pour lui commence à m'émouvoir ,

Et mon amitié m'épouvante.

Reprenons cette Lyre ; essayons de calmer

Le trouble qu'à mon cœur apporte son image.

Elle recommence à toucher la Lyre.

» *La sagesse est de bien aimer ,*

» *Et d'aimer toujours sans partage.*

» *On est heureux , si l'on peut s'enflamer ;*

» *Si l'on est constant, on est sage.*

Ces sons me plaisent davantage.

Dieux ! quel seroit le bonheur de mes jours,
    Si dans ce Bocage paisible,
Seule avec toi, Linus, j'en passois tout le cours
A te paroître aimable, à te rendre sensible,
A te voir, à te plaire, à t'adorer toujours.

    L'adorer.... moi ! Qu'ai-je dit ? Je l'ignore.
Ma raison interdite accuse mes discours,
    Et mon cœur les répete encore.
Il vient.... Puis-je cacher l'ardeur qui me dévore ?

SCENE CINQUIEME.

LINUS, URANIE.

URANIE.

Linus, j'ai pû vous allarmer,
Et peut-être à vos yeux j'ai paru trop austere.
Suivez, chantez le Dieu qui paroît vous charmer,
Je ne lui serai plus contraire.
Par le talent que vous avez pour plaire,
Je juge du pouvoir qui vous contraint d'aimer.

LINUS.

Ah ! que vous m'enchantez par ce nouveau langage !

URANIE tendrement.

Doit-il vous étonner ?
Il est peut-être votre ouvrage.

LINUS.

Du cœur le plus épris recevez donc l'hommage.
C'est vous que j'adorois ; daignez me pardonner.

URANIE.

C'est moi que vous aimiez, Linus?

LINUS.

C'est vous que j'aime.

URANIE.

Hélas! puis-je en vous condamner
Un feu dont je brûle moi-même?

ENSEMBLE.

Aimons-nous, aimons-nous, répétons mille fois
Le charmant aveu de nos flames:
Que l'accord touchant de nos voix
Egale celui de nos ames.

SCENE SIXIEME.

L'AMOUR, URANIE, LINUS.

L'AMOUR.

Muse, *rendez grace à l'Amour ;*
Ce Dieu, pour vous soumettre, enchanta cette Lyre.

URANIE.

Je veux le connoître à mon tour,
Puisque c'est Linus qui l'inspire.

LINUS.

Que les Muses, que les Sylvains,
Par le tendre accord des Musettes,
Par le son brillant des Trompettes,
Forment des accords divins.

LE CHŒUR.

Que les Muses, que les Sylvains, &c.

On danse.

Ce Ballet commence par une Danse rustique & grossiere de Sylvains. Terpsicore paroît ; ils sont étonnés de la régularité de sa Danse. La Muse les prend tour à tour pour les faire danser avec elle : elle leur montre la figure d'un Ballet, qu'ils exécutent ensemble.

E

L'AMOUR aux Muses.

Souffrez les amours sur vos traces,
L'art a besoin de leur secours ;
Et l'esprit est, sans les Amours,
Ce qu'est la beauté sans les graces.

C'est à l'Amour qu'il faut ceder.
Quel autre charme nous arréte ?
L'esprit peut faire une conquéte,
Mais c'est au cœur à la garder.

On danse.

L I N U S.

Tout rend hommage à la Beauté :
Pour éclairer ses traits, le jour se renouvelle ;
Pour la chanter, s'éveille Philomelle ;
L'air par Zéphire est agité,
Pour donner à son teint une fraîcheur nouvelle ;
L'ordre de l'Univers semble établi pour elle ;
Tout rend hommage à la Beauté.

Terpsicore finit par un Ballet général.

ADONIS.
BALLET.

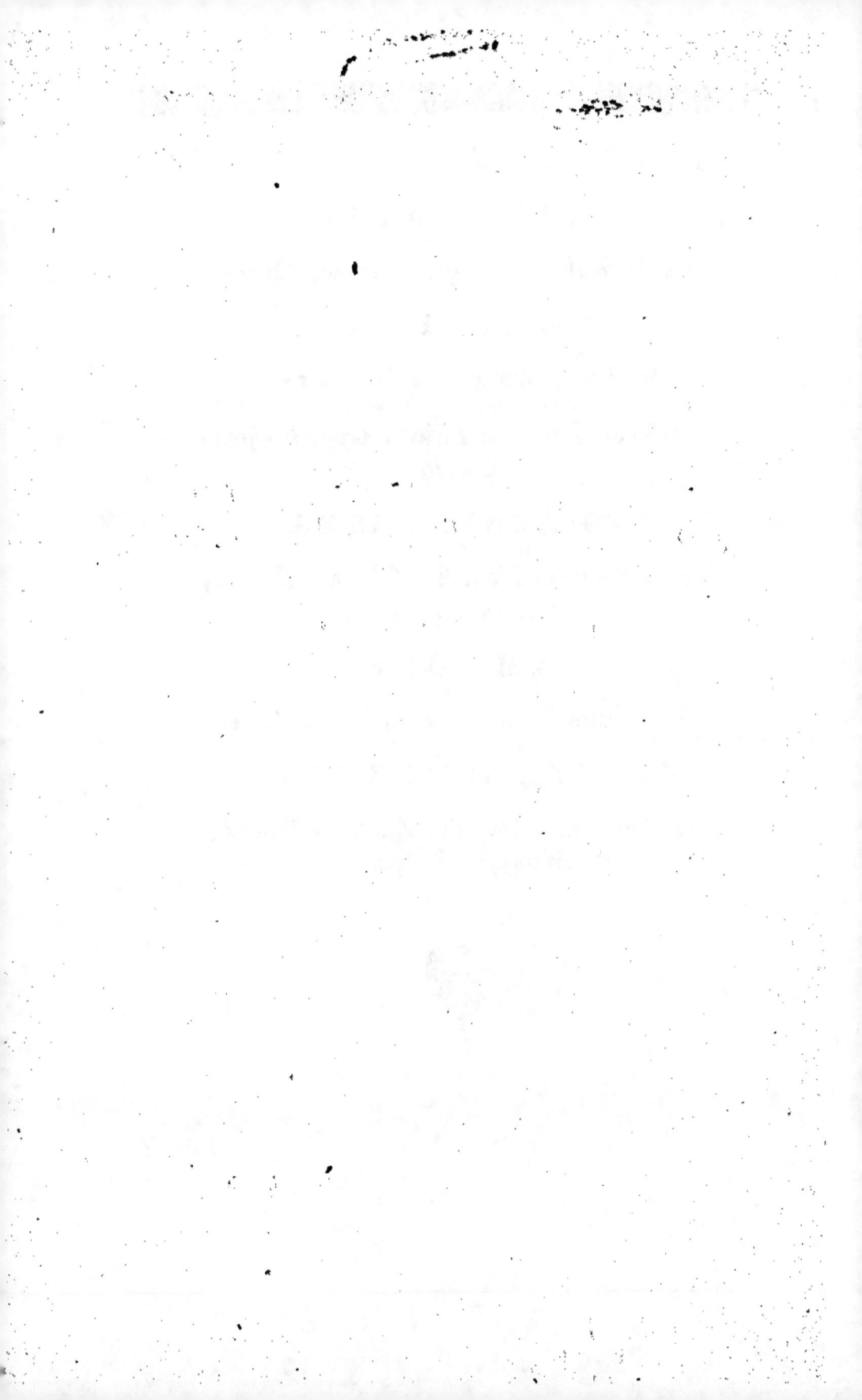

PERSONNAGES DANSANS.

LES GRACES.

Les Demoiselles *Puvigné*, *Camille*, *Chevrier*.

CHASSEURS.

Monsieur le Marquis de *Langeron*.

Les Sieurs *Beat*, *La Riviere*, *Lepy*, *Rousseau*,
Gougis.

CHASSERESSES.

Les Demoiselles *Dorfeuil*, *Astraudi*, *Durand*,
Marquise, *Foulquier*.

AMOURS.

Les Sieurs *Balleti*, *Barois*, *Piffet*, *Dupré*.

SUITE DE VENUS.

Les Demoiselles *Dorfeuil*, *Astraudi*, *Durand*,
Marquise, *Foulquier*.

ACTEURS.

VENUS.	*Madame la Marquise* DE POMPADOUR.
L'AMOUR.	*Madame* DE MARCHAIS.
DIANE.	*Madame la Duchesse* DE BRANCAS.
ADONIS.	*Monsieur le Duc* D'AYEN.
UN SUIVANT DE DIANE.	*Monsieur le Vicomte* DE ROHAN.

NYMPHES, CHASSEURS.

PLAISIRS & JEUX.

La Scene est dans les Bois de Diane.

ADONIS.

Le Théatre repréſente une Forêt.

SCENE PREMIERE.

L'AMOUR ſans Armes.

POUR ſurprendre Adonis, j'abandonne les
Cieux ;
Diane en vain me le diſpute encore :
C'eſt l'Amour qui le ſuit, c'eſt Venus qui l'adore ;
Peut-il échaper à leurs yeux ?
C'eſt ici chaque jour qu'il devance l'Aurore ;
Et je viens, plus touché de l'emploi glorieux
D'inſtruire un jeune cœur des ſecrets qu'il ignore,
Que de regner ſur tous les Dieux.
Adonis paroît.
C'eſt lui : que j'aime à voir l'ennui qui le dévore !

SCENE SECONDE.

L'AMOUR, ADONIS.

L'AMOUR.

Vous qui connoissez ce séjour,
De mes pas égarés daignez être le guide.
En quels lieux sommes-nous?

ADONIS.

                    Diane ici préside,
Et ces Bois menent à sa Cour.

L'AMOUR.

Dans ces lieux écartés n'a-t-on point vû l'Amour?

ADONIS.

L'Amour.... qui, ce monstre sauvage,
Ce terrible ennemi du repos des Humains !
Ah ! qu'il éprouveroit un cruel esclavage,
          S'il tomboit dans nos mains.

L'AMOUR.

Le Dieu qui fait aimer, le Dieu qui rend aimable,

Est-il un monstre redoutable ?

Hélas ! peut-on le craindre ? Il est fait comme vous.
Dans un âge si tendre, avec des traits si doux,
Le Dieu qui fait aimer, le Dieu qui rend aimable,
Est-il un monstre redoutable ?

ADONIS.

Diane nous l'a peint armé de feux vengeurs.

L'AMOUR.

Ses feux sont de douces ardeurs.

ADONIS.

Il mêle à ses plaisirs des rigueurs inhumaines.

L'AMOUR.

Jugez du prix de ses faveurs,
Puisqu'il fait adorer ses peines.

ADONIS.

Il ne se nourrit que de pleurs.

L'AMOUR.

Il est le Dieu des Ris.

F.

ADONIS.

Ses liens sont des chaînes.

L'AMOUR.

Ses chaînes sont des fleurs....
Ecoutez moins une Déesse austere.
Allons chercher l'Amour ; ne craignez plus ses traits ;
Il les a tous remis dans les mains de sa Mere.
Cher Adonis, vous serez moins sévere,
Quand vous aurez vû ses attraits.

ADONIS.

Son nom n'est point encor connu dans nos Foréts.

L'AMOUR.

Diane a mille appas, & la Cour qui l'adore
Offre les objets les plus doux :
Venus d'un seul regard les effaceroit tous.
Sur le char du matin vous avez vû l'Aurore,
Et Venus est plus belle encore.

ADONIS.

Oui, Diane est belle à mes yeux ,
Je l'aimois, mais mon cœur peut encore aimer mieux :

De mes transports je ne suis plus le maître..
Allons chercher l'Amour.

L'AMOUR.

Adonis, tu le vois ;
Et Vénus va paroître.

ADONIS.

Au trouble de mon ame, au charme de sa voix,
Pouvois-je, ô Ciel! le méconnoître?

L'arrivée de Venus est annoncée par une Symphonie
agréable, & par la danse des Graces qui la précedent
sur le Théatre, & environnent Adonis.

On danse.

ADONIS.

Amour, qui faut-il adorer?

L'AMOUR.

Tu ne vois encor que les Graces ;
Juge à de tels objets si tu dois soupirer
Pour la Beauté qui suit leurs traces.

Les Graces continuent leurs danses autour d'Adonis.
Venus arrive.

F ij

SCENE TROISIEME.

VENUS, ADONIS.

VENUS.

Vous parliez à l'Amour ; quoi ! vous ne craignez plus
D'écouter un Dieu si sauvage !

ADONIS.

Mon cœur risquera davantage,
S'il écoute Venus.

VENUS.

Vous plairez-vous toujours dans ce lieu solitaire ?

ADONIS.

Avant ce jour j'y bornois tous mes vœux.

VENUS.

La Déesse des Bois sans doute a sçu vous plaire ?
Vous l'aimez.

ADONIS.

Je dois tout à ses soins généreux ;

J'écoute ses leçons, je lui marque mon zéle.....
   Mais sçai-je encor ce que je veux?
Demandez à l'Amour s'il m'a parlé pour elle.

VENUS.

   S'il étoit un autre séjour
Où la voix du plaisir se feroit seule entendre,
Où pour vous mille jeux renaîtroient chaque jour,
Où toujours adoré, vous seriez toujours tendre,
Quitteriez-vous ces lieux pour un séjour si doux ?
   Parlez.

ADONIS.

   Déesse, y seriez-vous?

VENUS.

Oui, mon cher Adonis, j'y serois pour vous plaire.
   Fuyez une loi trop sévere ;
Je garde un sort plus doux au plus beau des Mortels :
   Venez partager à Cythere,
   Et ma tendresse, & mes Autels.

ADONIS jettant son javelot.

Ah ! je vous suis par-tout, c'est l'Amour qui l'ordonne.

Eh ! qui pourroit lui réfister....

Mais Diane que j'abandonne....

Mais vous, que je ne puis quitter....

Pardonnez ce défordre à mon premier hommage ;

Adonis eft à vous, Adonis eft charmé.

Je n'avois point encore aimé ;

Mais je fens qu'on ne peut vous aimer davantage.

On entend un bruit de Chaffe. L'Amour arrive.

SCENE QUATRIEME.

L'AMOUR, VENUS, ADONIS.

L'AMOUR.

D*Iane assemble ici sa Cour,*
Fuyons, sortons de ce séjour,
Et cherchons dans les airs une route nouvelle.

ADONIS.

La fuir! Ah Ciel! que dira-t-elle?

L'AMOUR.

Que tout cede à l'Amour.

Venus, Adonis & l'Amour sortent d'un côté du Théatre ;
de l'autre arrive, en dansant, une Troupe de Nymphes,
de Chasseurs & de Chasseresses, qui précedent Diane.

SCENE CINQUIEME.

DIANE, NYMPHES, Troupe de Chasseurs et de Chasseresses.

CHŒUR DE NYMPHES.

Le jour vient d'éclore,

Diane est au Bois ;

Son cor & sa voix

Nous pressent encore :

Courons si bien tous,

Que l'Amour jaloux

Ne nous puisse atteindre.

Tranquille séjour,

Tu n'as point à craindre

Les traits de l'Amour.

On danse.

UN SUIVANT DE DIANE.

L'Oiseau le plus tendre,

Discret dans ses chants,

Craint de faire entendre
Des sons trop touchans.
L'Amour nous offense,
Même en ses chansons.
Chantons l'innocence
Dont nous jouissons.

CHŒUR derriere le Théatre.

Adonis, Adonis, pourquoi nous fuyez-vous?

DIANE.

Qu'entens-je, ô Ciel! l'ingrat braveroit ma puissance !
C'est quelque Ravisseur jaloux ;

Courons, courons à la vengeance,
Volons sur ses pas, armons-nous.

CHŒUR.

Courons, courons à la vengeance,
Volons sur ses pas, armons-nous.

Une partie des Nymphes & Chasseurs sort du Théatre,
pour courir après Adonis.

G

D I A N E.

L'Amour a-t-il séduit sa crédule innocence ?
　　　　Dieu cruel, je connois tes coups.
　　　　Courons, courons à la vengeance.

　　　　Jupiter, prens-tu sa défense ?
　　　　Si tu ne punis qui m'offense,
Tout se ressentira de mon juste courroux.

La plus affreuse nuit couvrira ces rivages,
Et j'éteindrai mes feux qui brillent dans les airs.
　　　Hécate ira dans les Enfers,
Des torrens du Tenare exciter les ravages,
Pour déchaîner après du fond de ces Déserts
　　　Mille Monstres sauvages
　　　Qui désoleront l'Univers.

SCENE SIXIEME.

DIANE, L'AMOUR, VENUS, ADONIS, avec leur Suite.

L'AMOUR.

JE viens te livrer le Coupable ;
Et je ramene Adonis en ces lieux,
Déesse, prépare tes yeux
A le voir encor plus aimable.

DIANE, voyant Adonis armé d'un Carquois & d'une fléche qu'il tient à la main.

Quels font ces Traits que je lui voi ?
Adonis a quitté ma loi !
Tu veux me le ceder, & moi je te le livre ;
Dès qu'il a pû te fuivre,
L'ingrat n'eft digne que de toi.

Elle fort.

G ij

SCENE SEPTIEME.

L'AMOUR, VENUS, ADONIS,
LES GRACES, JEUX ET PLAISIRS
DE LA SUITE DE VENUS.

L'AMOUR.

L'Amour emporte la victoire.

Sombres Forêts, triste Séjour,

Disparoissez ; & qu'on chante ma gloire

En des lieux dignes de l'Amour.

Le Théatre change , & représente des Berceaux & des Portiques ornés de Fleurs, qui forment la Décoration la plus galante.

CHŒUR des Amours & des Plaisirs.

Chantons l'Amour & sa Conquête ;

Qu'il va combler d'heureux desirs !

L'Hymen en prépare la Fête ,

L'Amour en promet les plaisirs.

Tout ce qui forme la Suite de Venus commence un Ballet ; auquel les Graces président.

VENUS.

Votre bonheur fait ma gloire suprême.
Ah ! quel plaisir de vous charmer.

ADONIS.

L'Amour donne un cœur pour aimer,
Et c'est Venus qu'il faut qu'on aime.

Quel Amant fut jamais épris
D'une ardeur si pure & si belle ?
Quel doit être l'excès d'une flame nouvelle,
Dont l'Amour est l'auteur, dont Venus est le prix ?

On danse.

L'AMOUR.

Le premier trait que l'Amour lance
Est celui qui blesse le mieux.
Quel charme il a dans sa naissance !
L'instant qui détruit l'ignorance,
Est l'instant le plus précieux.
Au sortir de l'indifference,
Le premier trait que l'Amour lance
Est celui qui blesse le mieux.

VENUS.

Vole, Amour, prête-moi tes armes ;
Que le cœur d'Adonis s'enflame chaque jour.

Cher Amant, ne vois plus mes charmes,
Ne vois, ne sens que mon amour.

Vole, Amour, prête-moi tes armes ;
Que le cœur d'Adonis s'enflame chaque jour.

On danse.

CHŒUR.

Chantons l'Amour & sa Conquête ;
Qu'il va combler d'heureux desirs !
L'Hymen en prépare la Fête,
L'Amour en promet les plaisirs.

FIN.

www.ingramcontent.com/pod-product-compliance
Lightning Source LLC
LaVergne TN
LVHW050304090426
835511LV00039B/1375